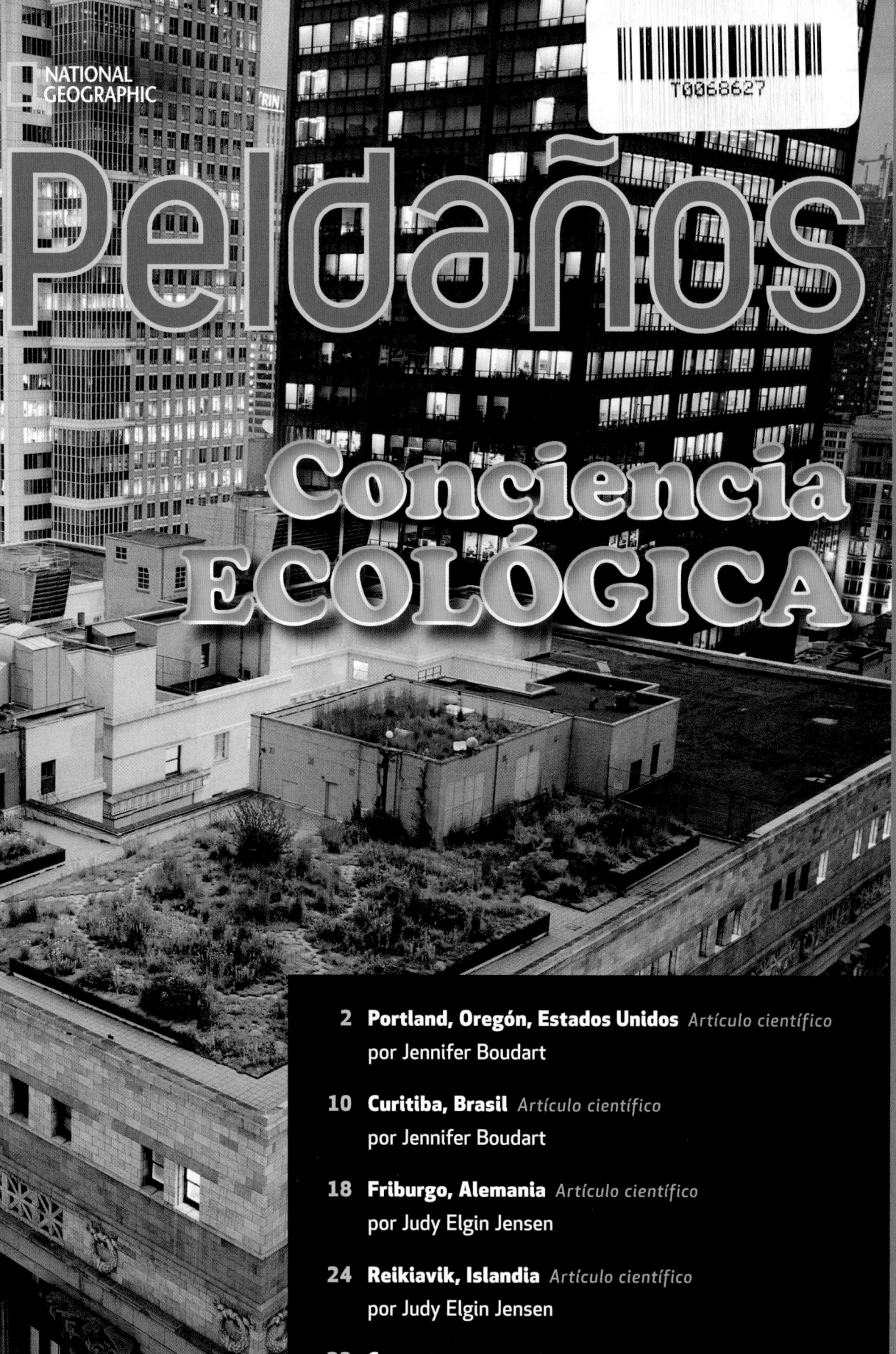

NATIONAL GEOGRAPHIC

Peldaños

Conciencia ECOLÓGICA

T0068627

GÉNERO Artículo científico

Lee para descubrir el impacto de las soluciones ecológicas de Portland.

Portland
Oregón Estados Unidos

por Jennifer Boudart

Portland, Oregón, tiene bastantes bellezas naturales. La ciudad está montada sobre los bancos de dos enormes ríos. Su horizonte presenta un volcán activo. Contiene el bosque urbano más grande de los Estados Unidos. Y está rodeada de millones de acres de bosques y granjas.

El tren ligero y el sistema de autobuses de Portland son dos razones por las que otras ciudades se ponen "verdes" de la envidia.

Los habitantes de Portland no valoran esta belleza. En 1971, Portland comenzó rápidamente a implementar una nueva ley estatal. A las personas que entregaban botellas de bebidas para **reciclaje,** se les daba un reembolso. Desde entonces, Portland también ha establecido una oficina de urbanismo **sustentable,** o de planificación, que conserva los recursos naturales. La ciudad creó un plan de acción ante el cambio climático para reducir las emisiones de dióxido de carbono. El dióxido de carbono es el principal gas responsable del cambio climático. La ciudad también apoya el alquiler de carros con espacios de estacionamiento reservados. Estos carros se alquilan para hacer viajes cortos dentro de la ciudad. Los habitantes de Portland estuvieron entre los primeros en prohibir las bolsas de compras plásticas. Y la ciudad presta dinero a los propietarios de casas para que hagan mejoras ecológicas a su hogar. Portland está en varias listas de "mejores ciudades" por su calidad de vida. Una gran razón es por sus esfuerzos sustentables en transporte, reciclaje y eficiencia energética.

Construcción ecológica

La ingeniería de la construcción es una gran parte del objetivo de Portland de ser una ciudad ecológica. El Centro de Convenciones de Oregón (OCC, por sus siglas en inglés), es un buen ejemplo. Para ahorrar energía, las salas de reuniones están iluminadas por luz natural, que pasa por ventanas y tragaluces. Los fregaderos y los baños de "flujo bajo" funcionan con menos agua. El OCC compra casi la mitad de su energía a una compañía que usa la energía eólica para producir electricidad. El OCC tiene cubos de reciclado en todos lados. Cuando los eventos incluyen alimentos, los restos de alimentos se colocan en cubos de recolección de compost. Los restos se convierten en fertilizantes para jardinería. El OCC dona los alimentos adicionales a bancos de alimentos

El agua de lluvia que fluye del enorme techo cae en lechos de césped y otras plantas. Las columnas cuadrangulares de roca hacen que el agua se desplace hacia canales recubiertos de piedra.

locales. Su objetivo es algún día reciclar o redistribuir toda su basura para que nada vaya a parar a un vertedero. El agua de lluvia fluye desde el techo del OCC hacia un jardín de lluvia. El jardín tiene un canal que lleva el agua a través del jardín, y plantas de humedal filtran los contaminantes. El agua limpia se libera de a poco desde el jardín hasta los drenajes de aguas pluviales.

El jardín de lluvia ayuda a ahorrar agua y dinero (¡más de $15,000 por año!). Y limpia el agua de manera natural antes de que el agua llegue al sistema de desagüe.

LEED El Centro de Convenciones de Oregón tiene la certificación Edificio LEED Existente. LEED (Liderazgo en Diseño Energético y Ambiental) es un programa internacional que reconoce los edificios ecológicos. Para recibir la certificación LEED, un edificio debe cumplir con estándares muy estrictos de diseño, construcción y operaciones que reduzcan los desechos, conserven la energía y el agua, limiten la contaminación del aire y protejan la tierra.

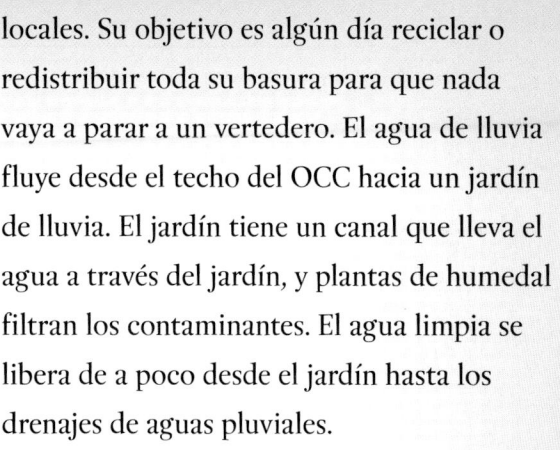

Los trenes hacen que sea fácil ir al OCC. En un día de semana, más de 200 trenes van y vienen desde allí.

Ecología en movimiento

¿No tienes un carro? ¡No te preocupes! Portland tiene rutas diseñadas para los peatones y los ciclistas. En el centro de la ciudad, las tiendas y los restaurantes están a una corta distancia. O puedes recorrer el centro de la ciudad en transporte público por una tarifa baja. El resultado: menor tráfico, menor contaminación del aire y mayor ahorro de combustible.

El transporte público de Portland incluye autobuses, tren ligero y tranvías. Los autobuses y las paradas de autobús están en todos lados. Los tranvías y el tren ligero van por las calles de la ciudad sobre rieles empotrados en la calzada. El tren ligero también viaja sobre los rieles más allá de la ciudad. Ambos tipos de vehículos funcionan con electricidad.

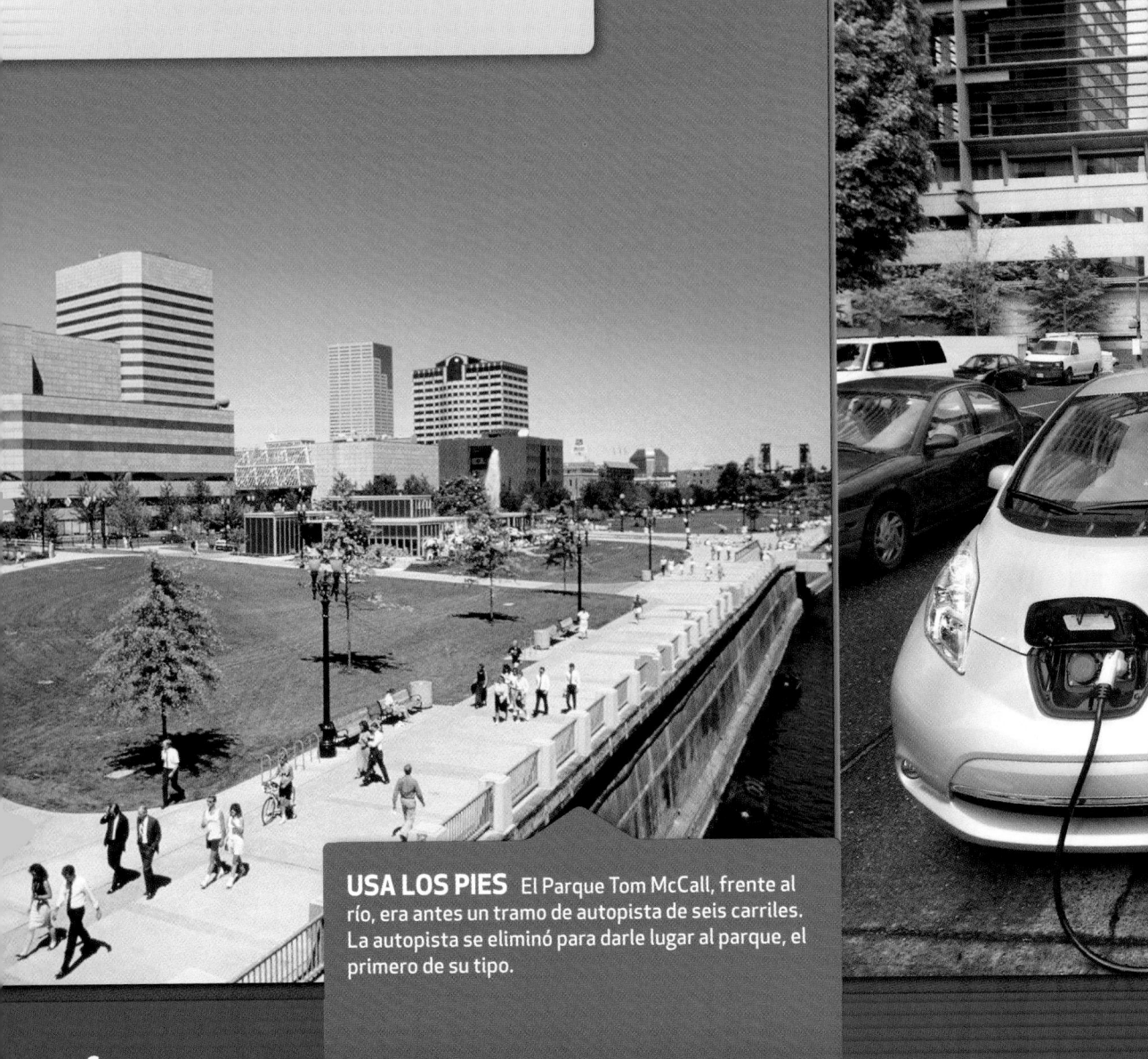

USA LOS PIES El Parque Tom McCall, frente al río, era antes un tramo de autopista de seis carriles. La autopista se eliminó para darle lugar al parque, el primero de su tipo.

Oregón impulsa el uso de la electricidad para el transporte, y el trazado de Portland se adapta perfectamente. Las bicicletas eléctricas se pueden pedalear o usar con el motor. Son perfectas para ir de la casa o el trabajo al autobús o a la estación de trenes.

Portland fomenta el uso de la energía de los propios pies. Las cuadras de la ciudad son la mitad de largas que las cuadras de ciudad estándares, por lo tanto, solo toma un minuto caminarlas. Portland incluso tiene rutas diseñadas para los que caminan, andan en bicicleta o patinan.

ELIGE UN CARRO GENIAL Portland anima a las personas que conducen a que usen carros eléctricos y otra tecnología automovilística "limpia". Los carros eléctricos se pueden recargar en estaciones que hay en toda la ciudad. No son contaminantes porque no queman combustible.

LLEGA EN BICICLETA Portland tiene más de 320 kilómetros (200 millas) de vías para bicicletas o senderos todo terreno y calles con límites de velocidad reducidos. Los estacionamientos para bicicletas están por toda la ciudad. Unos carteles publicitan las vías por las que se puede andar en bicicleta y las horas para pedalear.

Intercambiar el gris por el verde

Una entidad con base en Portland vuelve verde lo gris, o sea, el hormigón. La entidad sin fines de lucro llamada Depave quita el hormigón de donde realmente no es necesario. Luego llenan esas áreas con plantas nativas, árboles y huertos. Según Depave, el verde vence al gris por unas cuantas razones. En primer lugar, la vegetación natural simplemente luce mejor que el hormigón. En segundo lugar, a las personas les gusta reunirse en espacios verdes y la vida silvestre puede prosperar allí. Y en tercer lugar, los espacios verdes pueden absorber el agua de lluvia, mientras que el hormigón no. El agua de lluvia fluye sobre las superficies de hormigón y recoge contaminantes en el camino. Los contaminantes luego se vierten en arroyos y ríos locales.

Los sitios del proyecto Depave han incluido casas, negocios, iglesias, parques y escuelas. Uno de los lemas de Depave es "¡de estacionamiento a paraíso!". La Escuela Comunitaria Escuela Viva es uno de esos proyectos. Se asoció con Depave en 2011 para desmontar la mitad de su estacionamiento. Los padres, los estudiantes y los maestros ayudaron a crear un bello patio de recreo y huertos de enseñanza. Depave es un gran ejemplo del compromiso de Portland para proteger los recursos naturales. Portland se puede enorgullecer de ser una de las ciudades más sustentables de los Estados Unidos. Brinda a sus residentes aire y agua limpios, espacios abiertos, opciones de energía sustentable y sistemas de transporte ecológicos.

Más de 75 voluntarios trabajaron en el proyecto Depave en la Escuela Comunitaria Escuela Viva. Eliminaron el pavimento de un área del tamaño aproximado de una cancha de baloncesto.

Unos voluntarios desprenden trozos de pavimento para un proyecto de Depave. La mayoría de los proyectos dependen del trabajo voluntario.

Compruébalo ¿Cómo se aplica la palabra *sustentable* a una ciudad como Portland?

Lee para descubrir por qué Curitiba es tan conocida por sus esfuerzos ecológicos.

CURITIBA

por Jennifer Boudart

Los curitibanos se agrupan en Barigui Park, que ofrece senderos para caminar, deportes al aire libre como el kayak, comer junto al lago y muchas otras actividades.

¡BRASIL!

Desde el cielo, verías que este enorme parque marca el corazón de Curitiba, una ciudad ubicada en el sur de Brasil. Su nombre es Parque Barigui y es uno de los parques más grandes y antiguos de Curitiba. Barigui es solo uno de los más de 40 parques y bosques en Curitiba. Jardines, calles bordeadas con árboles y otros espacios verdes más pequeños están esparcidos por los vecindarios de la ciudad y también los distritos de negocios.

Curitiba está en los primeros puestos de casi cualquier lista de las ciudades más ecológicas. Casi un quinto de la ciudad se ha destinado a espacios verdes. Se suele considerar a Curitiba como la ciudad más ecológica de Brasil. En todo el mundo se la conoce como una ciudad que equilibra las necesidades de las personas y la industria con la necesidad de proteger el medio ambiente.

Curitiba comenzó a preocuparse por la ecología en la década de 1970. En esa época, la ciudad crecía rápidamente. Un grupo de urbanistas innovadores decidió que Curitiba debía ser considerada en cuanto a su crecimiento. El Gobierno de la ciudad fomentó la llegada de negocios a Curitiba, pero solo permitió que se establecieran industrias no contaminantes. A estos negocios también se les exigió que operaran en Ciudad Industrial, una zona cerca de los límites de la ciudad. Los urbanistas también comenzaron a crear parques en toda Curitiba.

Los parques no solo ofrecieron un lugar placentero para visitar, sino que también ayudaron a reducir las inundaciones. Las inundaciones eran un gran problema para la ciudad. Los parques en las áreas bajas se diseñaron con lagos donde se acumulara el agua de las inundaciones de un río cercano. Los parques se construyeron en terrenos que antiguamente eran vertederos y canteras. Los ciudadanos de pocos recursos también se beneficiaron de los proyectos de parques. Muchos de sus hogares estaban en lugares destinados para parques, por lo tanto, el Gobierno de la ciudad ayudó a esas personas a mudarse a mejores casas.

Los Jardines Botánicos de Curitiba se encuentran en lo que solía ser un vertedero.

Las iniciativas ecológicas también emergieron en una escala menor. La ciudad ofrecía rebajas impositivas a los negocios y a los propietarios de viviendas que acordaran preservar porciones de su propiedad como espacios verdes. Se reclutó a ciudadanos de Curitiba para que plantaran árboles y flores junto a las calles y a las autopistas. ¡En los últimos años, se han plantado más de 1.5 millones de árboles en Curitiba!

¡Las ovejas han reemplazado a las cortadoras de césped en los parques de la ciudad! Aquí mordisquean el césped en el Parque Saõ Lourenço. El parque, que se construyó en 1972, restableció terrenos que anteriormente se inundaban con frecuencia.

Traslado ecológico

El sistema de autobuses de Curitiba también es un buen ejemplo de planificación urbana ecológica. En la década de 1970, el Gobierno de la ciudad quería instalar el transporte público, pero carecía de tiempo y dinero para hacer un sistema de transporte subterráneo. Entonces, convirtieron un número de calles en caminos exclusivos para autobuses. Autobuses más pequeños recogen pasajeros en vecindarios y los trasladan a autobuses más grandes en las rutas de autobuses. Los terrenos junto a las rutas de autobuses están bordeados con negocios a dos cuadras de ambos costados de la calle, para que los trabajadores viajen en ambas direcciones durante las horas pico. Con menos tráfico, los traslados son más fáciles. Un autobús hecho a medida puede llevar hasta 270 pasajeros. Este autobús se extiende casi 30 metros (90 pies) y se articula en dos partes para doblar las esquinas.

UN SISTEMA DE AUTOBUSES MODELO

Los autobuses de la ciudad alivian los tiempos de viaje de más del 70 por ciento de los pasajeros de Curitiba. Quien pierde un autobús solo espera un minuto o un poco más hasta que viene el siguiente.

También se suele viajar a pie. Curitiba creó su primera calle peatonal en 1972. Seis cuadras de la calle "15 de noviembre" se cerraron a los automóviles. Los trabajadores repavimentaron las calles e instalaron bancos, faroles y macetas llenas de flores. Al principio, a los comerciantes les preocupó que nadie fuera a comprarles si no podían pasar por allí en carro. ¡Pero muy pronto las tiendas estaban llenas de personas!

Luego un club de automóviles amenazó con volver a tomar la calle para sus carros. Para sorpresa de los conductores, un grupo de niños les salió al encuentro. Los obreros municipales habían desplegado largas hojas de papel en la calle. Los niños pintaban dibujos. La calle se convirtió en la *Rua das Flores* o Calle de las Flores. En la actualidad, unas 20 cuadras están cerradas al tránsito.

UNA CELEBRACIÓN SABATINA

Todos los sábados, los niños vienen al centro de la ciudad al área peatonal para pintar, como lo hicieron en 1972. Algunos quizá sean hijos o nietos de aquellos que obstruyeron a los carros.

Comerciar con la basura

La recolección de la basura es un problema en Curitiba. En primer lugar, la ciudad tiene un solo vertedero. En segundo lugar, sus camiones de basura no caben en algunas de las calles de los vecindarios de bajos ingresos. Curitiba sabía que la solución estaba en la participación de todos.

En 1989, la ciudad lanzó un programa de **reciclaje** llamado "Basura que no es basura". La ciudad estableció un centro de reciclaje para clasificar materiales reciclables y desechos **orgánicos** o basados en alimentos. Coloridos personajes de dibujos animados que representan diferentes tipos de materiales reciclables educaban a los niños sobre la importancia del reciclaje. Los cubos de recolección tenían el mismo color que los personajes, lo que reforzaba el mensaje. Las personas ganaban dinero recogiendo la basura en estos cubos y transportándola al centro de procesamiento. En la actualidad, Curitiba afirma que tiene la tasa de reciclaje más alta de cualquier ciudad del mundo.

Câmbio Verde, el programa de Intercambio Ecológico, y *Compra do Lixo*, el programa de Compra de Basura, son programas de reciclaje efectivos en Curitiba. Hacen que los residentes de pocos recursos participen en el programa de reciclaje de la ciudad al pedirles que transporten la basura de sus vecindarios, que no son accesibles para los camiones de basura.

Según lo que llevan, intercambian su basura por efectivo, alimentos, boletos de autobús, mercadería y servicios. Su estilo de vida mejora y la ciudad puede disponer mejor de su basura. Además, menos desechos terminan en un vertedero. Estos programas son una manera en la que Curitiba se ha vuelto creativa como ciudad ecológica. Esto muestra cómo la participación de todos puede hacer que una vida ecológica sea posible y práctica.

INDICACIONES EN COLORES

Los cubos son de los mismos colores en toda Curitiba. El rojo es para los plásticos. El azul es para el papel. El amarillo es para el metal. El verde es para el vidrio. El negro es para los desechos alimenticios.

RESPETO POR EL RECICLAJE

Todos son conscientes de la importancia del reciclaje. Por lo tanto, las personas que recolectan y reciclan basura ganan respeto, así como productos necesarios.

RECOMPENSAR LAS ACCIONES ECOLÓGICAS

Las niñas eligen vegetales verdes frescos. Reciben los vegetales como pago por sus esfuerzos ecológicos de reciclaje.

Compruébalo ¿Qué acción ecológica crees que fue la más inteligente? ¿Por qué?

Fríburgo, Alemanía

por Judy Elgin Jensen

Muchos edificios en Friburgo están coronados con una cuadrícula de paneles solares oscuros y brillantes como los que se muestran aquí.

El sol brilla en Friburgo unas 1,800 horas por año, lo que hace que sea la ciudad más soleada de Alemania. Una abundante luz solar hace más que ayudar a las plantas a crecer en Friburgo. Promueve un estilo de vida para las 230,000 personas que viven aquí.

Friburgo es una de las líderes mundiales en el uso de la energía solar. Este es el proceso mediante el que la energía del sol se convierte en calor o electricidad. La energía solar se considera una tecnología ecológica porque es un **recurso renovable,** o que no se agota. La energía, además, no es contaminante. Cientos de edificios de Friburgo se abastecen con energía solar gracias a los paneles solares en sus techos o paredes.

Conocida en todo el mundo como la "Ciudad solar", Friburgo es un destino para las personas ecológicas. Friburgo ofrece paseos solares que guían a los visitantes a edificios solares famosos. Por ejemplo, la estación de tren tiene una torre solar alta y su costado sur está cubierto por 240 paneles solares. Los parquímetros funcionan con energía solar y también las piscinas para calentar el agua. El Gobierno trabaja para hacer que la energía solar sea lo más económica posible y así ayudar a aumentar el uso de la energía renovable. Además, los propietarios de casas y negocios que producen con sus paneles solares más electricidad de la que consumen, obtienen créditos de la compañía eléctrica de la ciudad.

Luz solar ecológica

El distrito Vauban en Friburgo tiene una historia de eficacia solar. A mediados de la década de 1990, la ciudad compró esta zona y comenzó a construir casas que economizan energía eléctrica. Las casas están construidas para cumplir estándares estrictos de uso de energía. Un vecindario, llamado Poblado Solar, cuenta con 59 casas equipadas con techos solares. Las casas se construyeron con materiales naturales, ventanas que dan al Sur para maximizar la luz solar y aberturas que hacen circular el aire para controlar la temperatura. Estas casas se llaman casas "más-energía" porque producen más energía de la que usan. La ciudad da créditos por la electricidad adicional.

El centro comunitario *Sonnenschiff*, o Barco Solar, del Poblado Solar está cerca.

Rolf Disch es un arquitecto que se especializa en construir casas que se abastecen con energía solar. Disch diseñó las casas del Poblado Solar.

Tiene oficinas, espacio para viviendas y tiendas. El Barco Solar además es un edificio más-energía.

Unos cuantos edificios en Vauban son particularmente vistosos. Uno, llamado Casa Heliotropo, tiene forma de cilindro y paneles en el techo. Una mitad del edificio está completamente cubierta con ventanas.

La casa completa está fija en un poste central que la hace girar. Esto permite que la casa gire en círculo, de modo que pueda seguir al sol durante el día. La Casa Heliotropo fue la primera casa más-energía en Alemania.

Gran cantidad de ventanas, paneles de colores y techos con ángulo inclinado hacen que el Barco Solar parezca un barco divertido.

Ciencia solar

Como toda la energía luminosa, la luz solar viaja en línea recta. Los edificios en Friburgo aprovechan la energía de la luz solar que pasa por las ventanas y calienta naturalmente los espacios interiores de una casa. Esta energía del calor se llama **energía térmica.** La energía del sol también se puede recolectar con paneles solares, que convierten esa energía directamente en electricidad. Este proceso se llama efecto fotovoltaico. *Foto* significa "luz" y *voltaico* significa "eléctrico". Los paneles solares están hechos de celdas solares más pequeñas. Una celda solar contiene material que es sensible a la luz solar. Responde produciendo electricidad. Los cables que están adheridos a la celda llevan la electricidad hacia donde se la necesita.

Los paneles solares suspendidos sobre el andén del tren ofrecen tanto energía como sombra.

22

Una sola celda solar puede producir suficiente electricidad para hacer funcionar un reloj. Cuando se necesita más energía, se colocan múltiples celdas en un solo panel solar. Y múltiples paneles solares se pueden colocar en grupos llamados serie. Friburgo ha sido eficiente en el uso de la energía solar debido a su soleada ubicación, leyes que limitan los costos de la energía solar y una comunidad comprometida con una vida ecológica.

Muchas compañías que participan en la energía solar tienen oficinas en Friburgo. Aquí, una empleada de una compañía local de paneles solares trabaja con celdas solares.

Trabajadores instalan paneles solares en un techo.

Compruébalo ¿Qué ha hecho que la energía solar sea eficiente en Friburgo?

GÉNERO Artículo científico

Lee para descubrir cómo la geología de Islandia es fundamental para su energía ecológica.

Reikiavik Islandia

por Judy Elgin Jensen

El géiser Strokkur erupciona cada unos 8 minutos. Dispara agua hasta una altura de 20 metros (65 pies).

Islandia. Solo pronunciarlo te hace dar ganas de temblar. El áspero país azotado por el viento está cubierto parcialmente con capas gruesas de hielo llamadas glaciares, que se derriten y forman ríos de agua helada. Pero la capital de la nación, Reikiavik, es un tema candente en el mundo de la energía ecológica. Todo se debe a la geología particular de esta isla nación. Mientras que las características gélidas dan a Islandia su nombre, lo que hay debajo es una historia completamente distinta.

Los 35 volcanes activos de Islandia están avivados por la **energía geotérmica** o calor de las profundidades de la Tierra. La energía geotérmica calienta la roca subterránea y el agua que está atrapada dentro de ella. El agua hierve y se convierte en vapor cuando se calienta demasiado. A veces, el agua se desplaza a la superficie y forma aguas termales o géiseres. La energía en esta agua muy caliente se puede usar para generar calor y electricidad.

La electricidad también se puede generar a partir de la energía que se mueve en el agua. Cerca del diez por ciento de Islandia está cubierta con glaciares. A medida que los glaciares se derriten lentamente, sus aguas nutren los ríos de la nación. El agua que fluye de los ríos se usa luego para generar electricidad. El agua caliente y helada ha hecho a Reikiavik famosa por lo limpia o ecológica que es su energía.

Unas aguas termales llamadas Blesi forman esta pileta y la de arriba. Esta es azul brillante y caliente. Está a unos 45 °C (aproximadamente 115 °F). ¡La más lejana es casi transparente y hierve! Está a unos 100 °C (212 °F).

∧ Una central geotérmica

∧ Una central hidroeléctrica

Como capital, Reikiavik puede parecer pequeña, con su población de unos 120,000 habitantes. Aún así, más de dos tercios de la población de la isla de 320,000 habitantes vive en Reikiavik o sus alrededores. En la ciudad se usa el agua caliente y fría para generar grandes cantidades de calor y electricidad. Estas fuentes de energía son **recursos renovables,** o recursos que no se agotan. También son limpios porque no requieren que se queme combustible fósil alguno. Así lo logran.

En las centrales geotérmicas se usan los pozos para extraer agua caliente y vapor de debajo de la tierra. El vapor se usa para hacer girar las aspas de una turbina que está conectada a un generador. El generador produce electricidad y unos cables llevan la electricidad adonde se la necesita. El agua caliente también se puede transportar por tubería a los hogares, a los negocios y bajo las calles para calefaccionar.

Unas presas bloquean los ríos para crear embalses de agua. En el fondo de los diques se abren luego unas compuertas que envían agua a través de una tubería larga. El agua pasa por una turbina y la hace girar en el proceso. La turbina está conectada a un generador que produce **energía hidroeléctrica,** o energía del agua en movimiento. Las presas hidroeléctricas suministran casi el 80 por ciento de la electricidad de Islandia.

En Islandia se han usado estas fuentes de energía limpia por 50 años. En la actualidad, en el país casi no se usan combustibles fósiles para generar energía para calor y electricidad. Ninguna otra nación ha logrado esto.

Una vista de Reikiavik desde el Hallgrimskirkja, el sexto edificio más alto de Islandia.

El movimiento ecológico

Reikiavik ha sido eficiente en el uso de fuentes de energía limpias para satisfacer sus necesidades de calor y electricidad. Pero un plan del Gobierno llamado Moldear Reikiavik apunta a hacer que Reikiavik también sea una comunidad ecológica en otro sentidos. El plan anima a los ciudadanos a que desarrollen más hábitos de transporte ecológicos, aborden problemas ambientales y conserven los recursos naturales.

CALLEJONES ALTERNATIVOS

Reikiavik espera hacer que más personas caminen, anden en bicicleta y usen autobuses. La ciudad planea establecer más senderos para bicicletas y peatones.

VEGETALES EN INVIERNO

En Reikiavik se usa la energía geotérmica para calefaccionar los invernaderos en invierno. La ciudad puede producir más alimentos localmente al cultivarlos bajo techo. La electricidad hace funcionar la iluminación interna para que las plantas puedan crecer en la oscuridad de los meses de invierno.

RUEDAS ALTERNATIVAS

En invierno, más de la mitad de los carros del área andan con ruedas con tachuelas. Esto evita que se deslicen en el hielo. Pero las tachuelas rasgan los caminos y liberan pequeñas partículas en el aire. Esto produce contaminación. Reikiavik planea colocar sistemas que calienten los caminos en invierno. Esto mantendrá los caminos sin hielo. De esa manera, los conductores no necesitarán usar ruedas con tachuelas que muelen los caminos.

CAPACITACIÓN ECOLÓGICA

Reikiavik quiere que los ciudadanos participen en la protección del medio ambiente. La Escuela de Trabajo Municipal ofrece trabajos ecológicos y capacitación a adolescentes durante el verano.

Encontrar mejores combustibles

Reikiavik busca maneras de usar menos gasolina para hacer andar sus carros, autobuses, camiones y barcos. Importar gasolina es caro, por lo tanto, la ciudad quiere usar combustibles que pueda producir localmente. Muchos de los combustibles alternativos que se prueban en Reikiavik contaminan muy poco y otros aprovechan los recursos renovables. Como resultado, Reikiavik suele ser un terreno de pruebas de vehículos que andan con combustibles alternativos y sede de conferencias sobre tecnología de combustibles alternativos. ¡Grandes cosas suceden con la tecnología ecológica en esta pequeña ciudad!

Gas metano

El metano se libera naturalmente cuando la basura se descompone en un vertedero. El gas es difícil de recolectar. En 2003, Reikiavik comenzó a usar instalaciones de tratamiento como esta. Aquí, el gas que se recolecta en los vertederos se convierte en combustible para carros y camiones. En la actualidad, muchos vehículos municipales funcionan con combustible producido a partir de gas metano. Este gas es una forma de energía ecológica porque antiguamente era un producto de desecho que ahora tiene una utilidad.

Fardos de basura preparados para el vertedero.

Hidrógeno

El gas hidrógeno es un gas que se produce con agua y electricidad. Este gas no emite ningún contaminante dañino. Desde 2003, la ciudad ha experimentado con el uso de hidrógeno para hacer funcionar autobuses, carros e incluso barcos de observación de ballenas. El hombre de la foto llena un autobús con combustible hidrógeno. Reikiavik espera usar más combustible hidrógeno en el futuro cuando la fabricación de carros y la construcción de estaciones de llenado sean menos caras.

Electricidad

Reikiavik es capaz de producir electricidad de fuentes limpias y renovables, por lo tanto, usar electricidad para hacer funcionar carros es una combinación perfecta. Reikiavik recientemente aprobó una ley que eliminaba algunos impuestos sobre los carros eléctricos. Los carteles muestran a los conductores dónde pueden enchufar sus carros cuando los carros necesitan más electricidad.

Compruébalo ¿Cuáles son algunas de las alternativas ecológicas que se usan en Reikiavik?

Comenta

1. ¿Qué conexiones puedes establecer entre las cuatro lecturas de *Conciencia ecológica*?

2. Compara y contrasta los medios de transporte ecológicos en las cuatro ciudades de este libro. ¿Qué tipo de transporte tiene más sentido para ti? ¿Por qué?

3. Cita tres ejemplos de métodos ecológicos que usan las ciudades o las personas que te parezcan sorprendentes. Explica por qué.

4. ¿Cuáles son algunos de los puntos fundamentales que puedes usar de las cuatro lecturas para persuadir a los demás de la necesidad de métodos de construcción ecológicos o medios de transporte ecológicos?

5. ¿Qué te sigues preguntando sobre la vida sustentable o ecológica? ¿Qué investigación podrías hacer para hallar más información?